LOS DINOSAURIOS

Rosie Heywood

Ilustraciones: Studio Galante e Inklink Firenze

Redacción: Philippa Wingate
Directora de diseño: Mary Cartwright
Asesor científico: Dr. David Norman

Agradecimientos a: John Russell, Natalie Abi-Ezzi, Rebecca Mills y Katarina Dragoslavic

Traducción: Gemma Alonso de la Sierra
Redacción en español: Pilar Dunster y Anna Sánchez

Sumario

Introducción

Éste es un libro sobre los dinosaurios y el mundo en que vivían. Pero no se trata de un libro cualquiera; también es un juego muy divertido. Si miras atentamente las ilustraciones, descubrirás cientos de dinosaurios y otros animales que vivieron en la misma época. A continuación viene explicado cómo se juega.

En el texto que acompaña a los dibujos del margen figura el nombre del animal o la planta que tienes que buscar y cuántos encontrarás en la ilustración central.

Presta mucha atención a la hora de contar los dinosaurios que se ven a lo lejos.

Este protoceratops también cuenta, aunque esté saliendo del huevo.

No importa que este lagarto se salga de la ilustración central, también tienes que contarlo.

Las crías de dinosaurios también cuentan.

Debes contar incluso los animales que se vean solo a medias.

En cada escena hay unos cien animales que debes encontrar. Si necesitas ayuda, las respuestas están en las páginas 28-31. No todos los animales son dinosaurios, sólo los que llevan un símbolo a la derecha. En la realidad nunca habría habido tantos animales juntos en el mismo sitio.

Los animales marinos

Hace más de 400 millones de años, los mares silúricos estaban habitados por extraños animales.

Muchos se extinguieron pero algunos, como las esponjas y las medusas, todavía existen.

Heterostracán

Telodonte

Anápsido

Estos peces succionaban comida y agua con la boca. Busca siete de cada uno.

Las medusas tenían un aspecto muy parecido al actual. Intenta encontrar cinco.

Los braquiópodos eran animales con tallos carnosos que enterraban en la arena. Cuenta 14.

Los erizos de mar se arrastraban lentamente por el lecho marino. Busca ocho.

Los lirios de mar no eran plantas, sino animales que atrapaban la comida con sus brazos ondulantes. Encuentra 15.

Los caracoles marinos se podían esconder en sus caparazones. ¿Ves 14?

El nostolepis fue uno de los primeros peces en tener mandíbulas y dientes. Busca 13.

4

El pez osteostracán tenía la cabeza cubierta de placas óseas. Busca nueve.

Los cefalópodos tenían unas marcas muy bonitas en el cuerpo. Intenta encontrar cuatro de cada ejemplar.

La estrella de mar siluriana no era como la que existe hoy en día. ¿Ves 11?

Los graptolites estaban formados por grupos de animalitos unidos entre sí. ¿Ves dos?

Camarones como éste se escabullían por el agua. ¿Puedes contar 14?

Los trilobites recorrían el lecho marino buscando comida. Busca seis de cada tipo.

Las esponjas eran animales de cuerpo blando y carnoso. Encuentra cinco.

Este euriptérido gigante era un fiero cazador. ¿Ves otro igual?

La vida en la superficie

Hace 400 millones de años, los peces provistos de pulmones empezaron a salir a la superficie.

A lo largo de más millones de años esos peces fueron cambiando y desarrollaron patas para caminar.

El botriolepis caminaba con aletas articuladas por el fondo de los lagos. Hay cinco.

La clubmosses era una planta con ramas cubiertas de hojas escamosas. Busca nueve.

El aglaofitón fue una de las primeras plantas que creció en tierra firme. Hay seis.

Estos son huevos de ictiostega. ¿Ves cuatro grupos como éste?

La ictiostega podía andar por tierra, pero también tenía cola de pez. Busca cuatro.

El pez groenlandaspis tenía unas placas óseas que le protegían la cabeza. Cuenta cinco.

El ctenacanto, parecido a un tiburón, se deslizaba por las aguas en busca de presas. ¿Ves uno?

Como el ictiostegopsis tenía patas con forma de aletas, también podía nadar tras los peces. Busca dos.

El panderictis tenía cuatro aletas que parecían patas. ¿Logras ver tres?

La cola de caballo es una planta que todavía crece en zonas pantanosas. Busca 16.

Los escarabajos de agua eran iguales que los de ahora. Hay nueve.

Estas cochinillas se cuentan entre los primeros animales que vivieron en tierra. Busca 10.

Los camarones se alimentaban de los trocitos de comida que flotaban en el agua. Cuenta 15.

La acantostega tenía branquias como las de un pez para respirar bajo el agua. Encuentra siete.

Los peces mimia eran del tamaño de un dedo gordo. Busca 18.

El eustenopterón usaba sus aletas para apoyarse en la orilla de lagos y ríos. ¿Ves tres?

7

Los insectos gigantes

Por el aire cálido y húmedo de los pantanos del carbonífero volaban insectos gigantescos. En la espesa maleza pululaban muchos animales venenosos.

El folidogáster era un fiero cazador y nadaba muy bien. ¿Ves otros dos?

Las alas extendidas de la meganeura tenían el tamaño de un brazo humano. Encuentra cuatro.

Las cucarachas tenían el cuerpo plano y podían esconderse en cualquier sitio. Cuenta 15.

El ciempiés artropleura podía llegar a medir dos metros. Busca seis.

La palabra hilonomo significa "ratón de bosque". ¿Logras ver siete?

Los gefirostegos tenían los dientes afilados para triturar insectos. Descubre seis.

Los alacranes gigantes podían matar a otros animales clavándoles el aguijón. Busca tres.

El arqueotiris tenía dos dientes puntiagudos con los que mataba a sus presas. Busca tres.

Los caracoles empezaron a vivir en tierra firme en esta época. Antes, sólo habían habitado bajo el agua. Busca 10.

El microsaurio, parecido a un lagarto, vivía en tierra pero ponía los huevos en el agua. Señala 11.

La ofiderpetón no tenía patas y era parecida a una anguila. ¿Ves cinco?

Las arañas tejían unas telas sencillas con las que capturaban a sus presas. Busca siete.

La westlothiana era un reptil que ponía huevos de cáscara dura y vivía en tierra firme. ¿Ves 10?

El eogirino era del tamaño de un cocodrilo y devoraba los peces que apresaba con sus fuertes mandíbulas. Busca cuatro.

El gerrotórax esperaba posado en el lecho de los ríos para capturar los peces que pasaban. Busca otro.

El milpiés gigante se alimentaba de hojas podridas. ¿Ves cinco?

9

Los animales terrestres

Durante este período aparecieron más animales terrestres, algunos con una cresta en forma de vela sobre el lomo. Muchos de estos animales se extinguieron antes de que llegaran los dinosaurios.

La yougina tenía unos dientes fuertes y afilados con los que rompía el caparazón de los caracoles. Hay tres.

El pareasaurio podía alcanzar el tamaño de un hipopótamo. Encuentra tres.

El protorosaurio se erguía sobre sus patas traseras para cazar insectos que comer. ¿Puedes ver cuatro?

El esfenacodón tenía una cresta en el lomo. Descubre seis.

La seymouria no era muy rápida en tierra firme, por lo que pasaba casi todo el tiempo en el agua. Busca tres.

Se sabe con toda certeza que el saurioctono era carnívoro, porque tenía los dientes largos y afilados. ¿Ves cuatro?

El diadectes tenía las patas a ambos lados del cuerpo, igual que los lagartos actuales. Señala siete.

Para entrar en calor, el edafosaurio ponía al sol la cresta que tenía en el lomo. Busca 11.

El moscops tenía el tamaño de una vaca. Busca cuatro.

La cabeza del cacops era mucho más grande que su cuerpo. Señala nueve.

De la columna vertebral del dimetrodón salían huesos capaces de sostener la cresta dorsal. Hay cinco.

El eriops fue un pariente lejano de la rana. Busca dos.

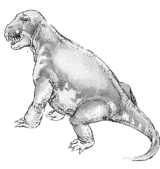

El anteosaurio mordía a su presa y engullía enteros los trozos de carne. Busca dos.

La casea tenía el paladar cubierto de dientes para triturar el follaje. Hay cuatro.

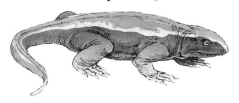

El escutosaurio tenía la piel gruesa y púas en la cara. Encuentra tres.

El bradisaurio tenía un gran collar óseo en la parte posterior del cráneo. ¿Ves uno?

Los primeros dinosaurios

Hace unos 225 millones de años hicieron su aparición los primeros dinosaurios. Aquí encontrarás seis tipos diferentes de dinosaurio y otros extraños animales que vivieron en la misma época.

El kueneosaurio tenía unas "alas" de piel muy finas, que usaba para planear de un árbol a otro. Busca cuatro.

El cinonato era parecido a un perro pequeño, pero tenía la piel escamosa. ¿Ves uno?

El terrestrisuco era del tamaño de una ardilla. Encuentra ocho.

Es probable que el dinosaurio estaurikosaurio cazase en grupo. ¿Puedes contar siete?

El dinosaurio plateosaurio se erguía sobre las patas traseras. Busca seis.

El rutiodón tenía orificios nasales en la parte de arriba de la cabeza, entre los ojos. ¿Ves dos?

El ticinosuco, de patas largas y fuertes, se movía con rapidez. Cuenta cinco.

12

El saltopo, un dinosaurio, correteaba por entre las rocas en busca de lagartos que comerse. Señala 10.

La vista de lince y la gran velocidad del sintarso le permitían cazar sus presas. Encuentra cuatro.

El peteinosaurio fue uno de los primeros reptiles voladores. ¿Ves otros tres?

Las placerias vivían en manadas y cubrían grandes distancias en busca de alimento. Señala 10.

El desmatosuco tenía púas en los costados y cuernos sobre los hombros. Busca tres.

El coelofisis era un cazador muy diestro. Busca siete.

El anquisaurio fue uno de los primeros dinosaurios. Medía dos metros y medio. Busca cinco.

Puede que el estagonolepis excavara la tierra con su hocico en busca de raíces. ¿Ves cuatro?

El trinaxodón tenía bigotes en el morro y el cuerpo peludo. ¿Puedes señalar cinco?

13

En el bosque

Los dinosaurios más grandes que han poblado el planeta vivieron en el jurásico. Fue un período de clima favorable, con una vegetación exuberante que les servía de alimento.

El braquiosaurio tenía los orificios nasales en un bulto situado en la cabeza. Hay uno.

El pterodáctilo cazaba insectos en pleno vuelo. Encuentra 10.

El apatosaurio se tragaba las hojas enteras, porque no podía masticar. ¿Ves cinco?

El camptosaurio podía correr con sus patas traseras si le perseguían. Hay dos.

El ceratosaurio, un carnívoro de gran ferocidad, contaba con más de 70 colmillos aserrados. Busca uno.

El composonato fue uno de los dinosaurios más pequeños que se conocen: era del tamaño de un gato. Encuentra ocho.

El camarasaurio sólo comía hojas de ramas bajas. ¿Ves tres?

14

El diplodocus tenía la longitud de tres autobuses en hilera. ¿Ves seis?

Es posible que los driosaurios vivieran en manadas, como los ciervos en la actualidad. Busca 17.

Es probable que la primer ave fuera el arqueopteris, que volaba de un árbol a otro. Hay tres.

El kentrosaurio tenía púas largas en el lomo y en la cola. ¿Ves uno?

El escafonato tenía muy buena vista. ¿Puedes encontrar dos?

Los alosaurios tenían crestas óseas sobre los ojos. Hay tres.

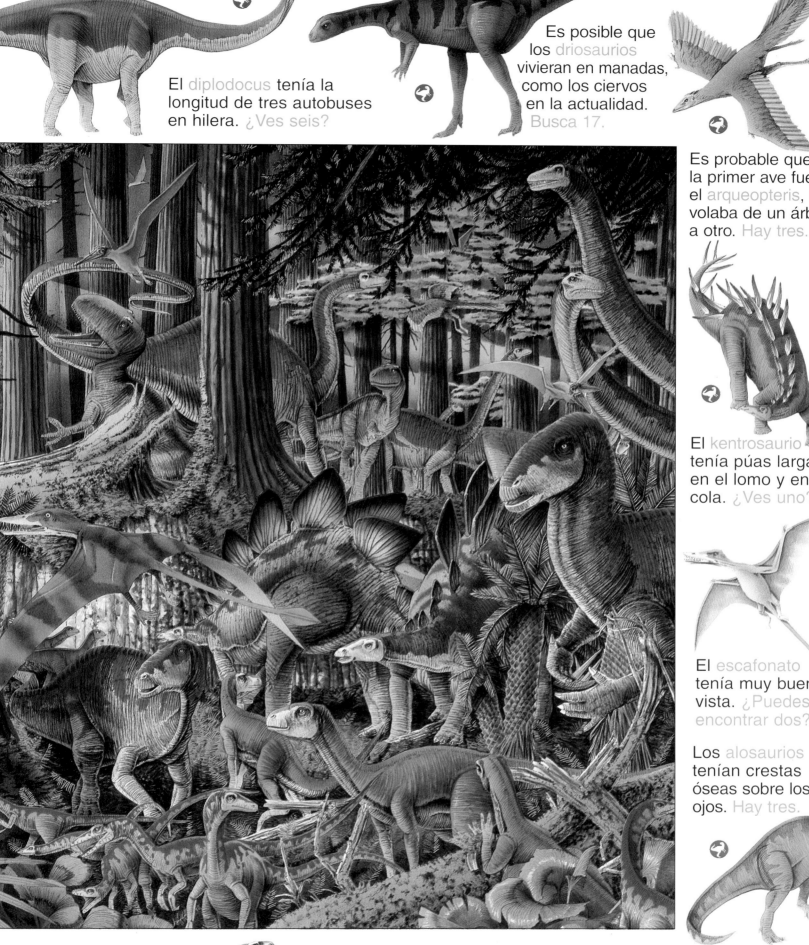

El ornitolestes atrapaba lagartos y animales de poco tamaño con las garras. Hay tres.

El coeluro tenía las patas largas y cazaba presas a la carrera. Señala dos.

Puede que las placas óseas del lomo del estegosaurio sirvieran para absorber calor del sol. Busca dos.

En el océano

En la época jurásica, mientras los dinosaurios habitaban las tierras, reptiles gigantes surcaban los grandes océanos. En estas dos páginas hay 87 animales. ¿Crees que podrás encontrarlos todos?

El cuerpo del pleurosaurio era muy largo, y la cola aún más. Descubre cuatro.

Los ofiuros son estrellas de cinco patas largas que aún habitan nuestros océanos. Descubre ocho.

El plesiosaurio movía sus aletas lentamente, como una tortuga. ¿Ves otros dos?

Los tiburones se hundían hasta el fondo del océano si dejaban de nadar. Descubre seis.

El liopleurodón se alimentaba de ictiosaurios y de otros animales marinos enormes. ¿Ves uno?

El pleurosternón necesitaba volver a la superficie para respirar. Encuentra dos.

El romaleosaurio tenía el tamaño de la orca actual y era igual de feroz. Busca dos.

16

Los cangrejos cacerola caminaban por el lecho del océano. Hay tres.

Los belemnites tenían ventosas en los tentáculos. ¿Ves 10?

El ictiosaurio podía nadar muy rápido moviendo su fuerte cola. Señala cuatro.

El geosaurio, parecido a un cocodrilo, tenía aletas en forma de remos. Busca dos.

El eurrinosaurio tenía una mandíbula superior muy larga con muchos dientes afilados. Busca tres.

El amonites usaba sus largos tentáculos para atrapar comida. Encuentra 14.

Los teleosaurios nadaban moviéndose como una serpiente. ¿Ves uno?

El pez banjo usaba sus aletas con forma de alas para deslizarse por el agua. Señala cinco.

Había muchas clases de peces. Busca 10 de cada ejemplar.

17

En el desierto

Los dinosaurios que vivían en los desiertos de la China y Mongolia actuales soportaron terribles tormentas de arena. Muchos perecieron asfixiados o sepultados vivos en las dunas.

El ovirraptor construía nidos para sus huevos y los empollaba hasta que nacían las crías. Señala 12.

El psitacosaurio tenía un pico óseo como el de un loro. Busca cuatro adultos y seis crías.

El tarbosaurio era capaz de acelerar su carrera cuando perseguía una presa. ¿Ves otro?

El sauriolofus tenía una púa ósea en la cabeza. Intenta encontrar cuatro.

Estos lagartos se alimentaban de huevos de dinosaurio. Señala ocho.

El pinacosaurio se defendía de los ataques con el mazo que tenía en la cola. Busca dos.

El protoceratops ponía sus huevos en nidos que hacía en la arena. Busca cinco.

Nido de protoceratops

El microceratops era del tamaño de un conejo. Cuenta 15.

El sauriornitoides tenía unos ojos enormes, capaces quizás, de ver en la oscuridad. Descubre 10.

Mamíferos de pequeño tamaño cazaban insectos entre la maleza. Señala cinco.

El bractrosaurio tenía cientos de dientes para masticar hojas. Busca siete.

El velocirraptor, (asesino veloz) era un carnívoro sanguinario. ¿Ves seis?

El homalocéfalo poseía un cráneo grueso con bultos a los lados. Señala tres.

El gallimimo corría con las patas traseras como los avestruces, pero no tenía plumas. Hay 11.

El avimimo era un dinosaurio poco corriente, porque tenía plumas. Encuentra siete.

19

Los últimos dinosaurios

Durante el cretáceo tardío existieron más especies de dinosaurios que en ninguna otra era. Pero repentinamente, hace unos 64 millones de años, los dinosaurios se extinguieron.

El parasauriolofus emitía trompetazos por un tubo que tenía en la cabeza. Hay seis.

El estiracosaurio tenía un aspecto feroz, pero sólo comía plantas. ¿Ves otro?

El coritosaurio tenía una cresta a modo de casco sobre la cabeza. Busca tres.

El edmontosaurio vivía en grupos y así se protegía de los depredadores. Cuenta ocho.

El panoplosaurio tenía púas en los costados, pero la panza no estaba protegida. Busca dos.

Los paquicefalosaurios machos se peleaban a embestidas. ¿Puedes ver cinco?

El triceratops pesaba el doble que un elefante. Busca cuatro adultos y dos crías.

Puede que el euoplocéfalo se defendiese de sus atacantes blandiendo el mazo que tenía al final de la cola. Busca tres.

El tiranosaurio era muy fiero y más alto que una jirafa actual. Busca uno.

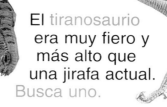

Es posible que el estenonicosaurio tuviera inteligencia, dado el tamaño de su cerebro. Hay siete.

El iquitornis fue una de las primeras aves. ¿Ves seis?

El estrutiomimo se parecía a un avestruz, pero sin plumas. Hay nueve.

El estegoceras pertenece al grupo de dinosaurios de cabeza en forma de cúpula. Busca siete.

El pentaceratops tenía un collar que le llegaba hasta la mitad del lomo. Señala tres.

Nodosaurio significa "reptil con bultos". Busca otros dos.

Los dromesaurios cazaban en grupo otros dinosaurios de mayor tamaño. Cuenta 12.

Los mamíferos primitivos

Cuando los dinosaurios se extinguieron, fueron sustituidos por mamíferos primitivos. Los mamíferos son de sangre caliente, tienen el cuerpo cubierto de pelo y alimentan a sus crías con leche.

El tetonis se agarraba a las ramas con sus fuertes patas. Busca cinco.

Estos murciélagos cazaban insectos de noche y dormían de día. Intenta encontrar cinco.

El hiraco era del tamaño de un cerdo y podía correr muy rápido. Descubre seis.

El uintaterio era tan grande como un rinoceronte y tenía seis cuernos en la cabeza. Busca otro.

El esmilodectes guardaba el equilibrio con la cola al trepar por los árboles. ¿Ves cuatro?

El hiracoterio es un antepasado del caballo. Señala 11.

Corifodón significa "colmillos torcidos". Puede que los usara para defenderse. Cuenta tres.

El mesónix tenía los dientes como los de un perro, pero sus patas terminaban en pezuñas. Busca tres.

La diatrima era un ave gigante. Medía dos metros de altura. Señala dos.

El notarcto guardaba cierto parecido con el mono. Busca siete.

El leptictidio era omnívoro, es decir, comía plantas y animales. Descubre ocho.

La oxiena era un animal cazador parecido al gato, que se acercaba sigilosamente a su presa. ¿Ves dos?

Las serpientes venenosas se enroscaban en las ramas para dormir. Busca tres.

El moeriterio vivía probablemente en el agua y en sus alrededores. Intenta encontrar otro.

El eomanis, que no tenía dientes, atrapaba hormigas con su larga lengua. Hay dos.

El arqueoterio buscaba raíces sabrosas guiándose por su fino olfato. Cuenta 10.

23

La edad de hielo

El clima de esta época alternó entre extremos de calor y frío, con fuertes nevadas y hielo.

Aquí aparecen algunos de los animales que vivieron en climas tan dispares.

Los colmillos del mamut columbiano medían más de cuatro metros. Hay cuatro.

El bisonte de cuernos largos era muy corto de vista. Busca 12.

Los rinocerontes lanudos retiraban la nieve valiéndose de sus cuernos para destapar la hierba. Busca otro.

Los leones cavernarios eran más grandes que los actuales, pero no tenían melena. Hay uno.

Los camellos occidentales almacenaban agua en sus jorobas igual que los de ahora. Busca dos.

El lobo del pleistoceno podía triturar huesos con los colmillos. Hay seis.

Los perezosos terrestres tenían bultos óseos bajo la piel para protegerse. Encuentra uno.

24

El teratornis se lanzaba en picado sobre los animales muertos para alimentarse. ¿Ves dos?

Los osos cavernarios invernaban en cuevas durante las épocas más frías. Busca dos.

Manadas de hasta diez lobos grises vivían y cazaban en grupo. Cuenta siete.

Las liebres polares tenían el pelaje blanco para que los lobos no las pudieran descubrir en la nieve. Señala siete.

Los bisontes antiguos recorrían las praderas en busca de alimento. Encuentra nueve.

El reno tenían las pezuñas anchas para no hundirse en la nieve. Busca 10.

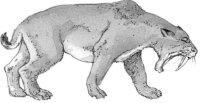
Los felinos macairodos mataban clavando los colmillos. ¿Ves dos?

Los mamuts lanudos tenían el pelaje grueso y tupido para conservar el calor del cuerpo. Encuentra cuatro.

Los caballos occidentales desaparecieron misteriosamente hace diez mil millones de años. Cuenta 12.

La extinción de los dinosaurios

Casi todos los dinosaurios desaparecieron hace unos 64 millones de años, pero no se sabe con certeza por qué. La mayoría de los científicos creen que un gran meteorito, que podría haber medido hasta 10 km de diámetro, cayó del espacio y chocó contra la Tierra.

Nubes de polvo

Al chocar el meteorito contra la Tierra, una enorme bola de fuego se habría extendido por el mundo. El meteorito se habría hecho añicos, envolviendo el planeta en una nube de polvo, piedras y agua. Esta nube habría tapado la luz del sol y, durante varios meses, la Tierra se habría quedado a oscuras y con una temperatura muy baja.

Muertes de seres vivos

Este fenómeno habría acabado con la vida de todos los animales que necesitaban calor para sobrevivir. Sin luz, muchas plantas morirían también, dejando a muchos dinosaurios sin alimento. Puede que el meteorito también causara grandes terremotos y maremotos.

Esta ilustración muestra lo que podría haber pasado cuando el meteorito chocó contra la Tierra.

Grandes nubes de polvo se extendieron por el planeta, dificultando la respiración de muchos animales.

Los pedruscos que salieron disparados causaron la muerte o hirieron a muchos animales.

El dinojuego

Aquí tienes algunos dinosaurios de los que has visto en el libro. Vamos a ver lo que eres capaz de recordar sobre ellos.

Para refrescarte la memoria, mira las páginas anteriores. Si te rindes, en la página 28 encontrarás las respuestas.

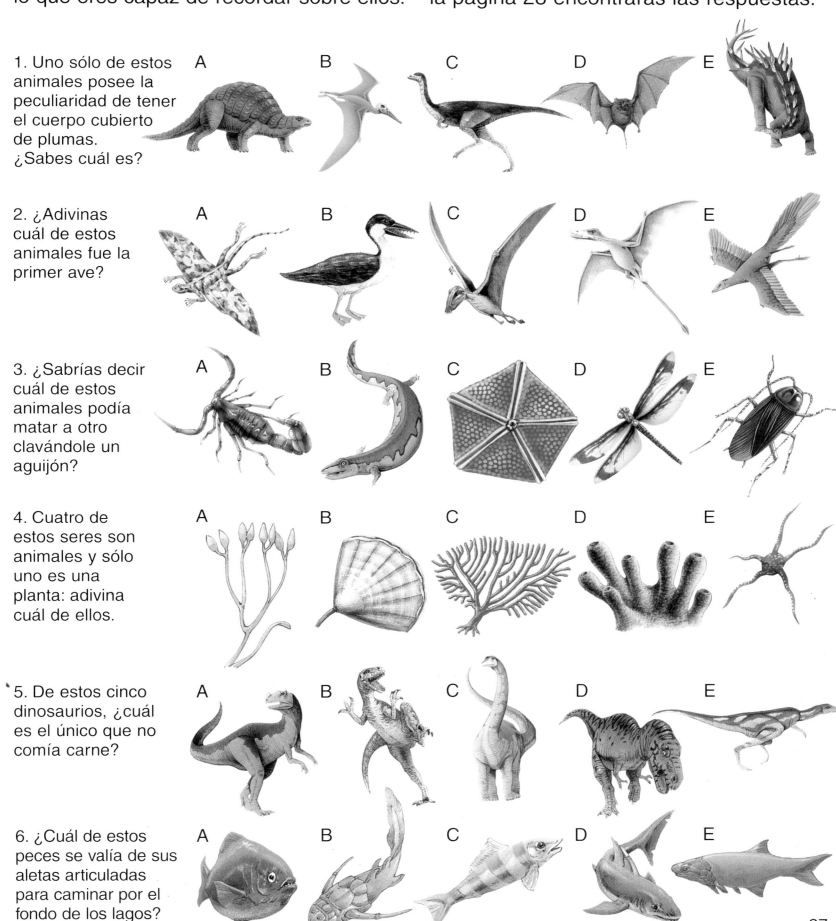

1. Uno sólo de estos animales posee la peculiaridad de tener el cuerpo cubierto de plumas. ¿Sabes cuál es?

A   B   C   D   E

2. ¿Adivinas cuál de estos animales fue la primer ave?

A   B   C   D   E

3. ¿Sabrías decir cuál de estos animales podía matar a otro clavándole un aguijón?

A   B   C   D   E

4. Cuatro de estos seres son animales y sólo uno es una planta: adivina cuál de ellos.

A   B   C   D   E

5. De estos cinco dinosaurios, ¿cuál es el único que no comía carne?

A   B   C   D   E

6. ¿Cuál de estos peces se valía de sus aletas articuladas para caminar por el fondo de los lagos?

A   B   C   D   E

27

Respuestas

Las soluciones que aparecen en las páginas 28-31 indican el lugar donde se encuentra cada uno de los animales y las plantas que has tenido que buscar a lo largo del libro. Míralas si te resulta difícil encontrar un animal o una planta en particular.

Las respuestas al dinojuego de la página 27 son las siguientes:
1. C
2. E
3. A
4. A
5. C
6. B

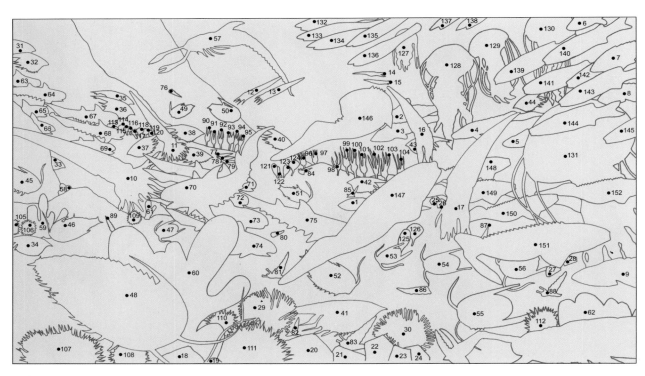

Los animales marinos 4-5

Peces osteostracán 1 2 3 4 5 6 7 8 9
Cefalópodos 10 11 12 13 14 15 16 17
Estrellas de mar 18 19 20 21 22 23 24 25 26 27 28
Graptolites 29 30
Camarones 31 32 33 34 35 36 37 38 39 40 41 42 43 44
Trilobites 45 46 47 48 49 50 51 52 53 54 55 56
Euriptérido 57
Esponjas 58 59 60 61 62
Nostolepis 63 64 65 66 67 68 69 70 71 72 73 74 75
Caracoles marinos 76 77 78 79 80 81 82 83 84 85 86 87 88 89
Lirios de mar 90 91 92 93 94 95 96 97 98 99 100 101 102 103 104
Erizos de mar 105 106 107 108 109 110 111 112
Braquiópodos 113 114 115 116 117 118 119 120 121 122 123 124 125 126
Medusas 127 128 129 130 131
Heterostracanes 132 133 134 135 136 137 138
Telodontes 139 140 141 142 143 144 145
Anápsidos 146 147 148 149 150 151 152

La vida en la superficie 6-7

Ictiostegopsis 1 2
Panderictis 3 4 5
Colas de caballo 6 7 8 9 10 11 12 13 14 15 16 17 18 19 20 21
Escarabajos de agua 22 23 24 25 26 27 28 29 30
Cochinillas 31 32 33 34 35 36 37 38 39 40
Camarones 41 42 43 44 45 46 47 48 49 50 51 52 53 54 55
Eustenopterones 56 57 58
Mimia 59 60 61 62 63 64 65 66 67 68 69 70 71 72 73 74 75 76
Acantostegas 77 78 79 80 81 82 83
Ctenacanto 84
Groenlandaspis 85 86 87 88 89
Ictiostegas 90 91 92 93
Huevos de ictiostega 94 95 96 97
Aglaofitones 98 99 100 101 102 103
Clubmosses 104 105 106 107 108 109 110 111 112
Botriolepis 113 114 115 116 117

Los insectos gigantes 8-9

Arqueotiris 1 2 3
Caracoles de tierra 4 5 6 7 8 9 10 11 12 13
Microsaurios 14 15 16 17 18 19 20 21 22 23 24
Ofiderpetones 25 26 27 28 29
Arañas 30 31 32 33 34 35 36
Westlothianas 37 38 39 40 41 42 43 44 45 46
Gerrotórax 47
Eogirinos 48 49 50 51
Milpiés gigantes 52 53 54 55 56
Alacranes gigantes 57 58 59
Gefirostegos 60 61 62 63 64 65
Hilonomos 66 67 68 69 70 71 72
Artropleuras 73 74 75 76 77 78
Cucarachas 79 80 81 82 83 84 85 86 87 88 89 90 91 92 93
Meganeuras 94 95 96 97
Folidogásteres 98 99

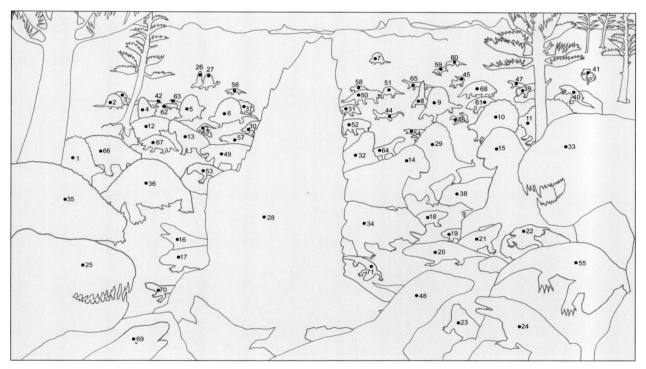

Los animales terrestres 10-11

Edafosaurios 1 2 3 4 5 6 7 8 9 10 11
Moscops 12 13 14 15
Cacops 16 17 18 19 20 21 22 23 24
Dimetrodones 25 26 27 28 29
Eriops 30 31
Anteosaurios 32 33
Bradisaurio 34
Escutosaurios 35 36 37
Caseas 38 39 40 41
Diadectes 42 43 44 45 46 47 48
Saurioctonos 49 50 51 52
Seymourias 53 54 55
Esfenacodones 56 57 58 59 60 61
Protorosaurios 62 63 64 65
Pareasaurios 66 67 68
Youginas 69 70 71

Los primeros dinosaurios 12-13

Saltopos 1 2 3 4 5 6 7 8 9 10
Sintarsos 11 12 13 14
Peteinosaurios 15 16 17
Placerias 18 19 20 21 22 23 24 25 26 27
Desmatosucos 28 29 30
Coelofisis 31 32 33 34 35 36 37
Trinaxodón 38 39 40 41 42
Estagonolepis 43 44 45 46
Anquisaurios 47 48 49 50 51
Ticinosucos 52 53 54 55 56
Rutiodones 57 58
Plateosaurios 59 60 61 62 63 64
Estaurikosaurios 65 66 67 68 69 70 71
Terrestrisucos 72 73 74 75 76 77 78 79
Cinonato 80
Kueneosaurios 81 82 83 84

En el bosque 14-15

Diplodocus 1 2 3 4 5 6
Driosaurios 7 8 9 10 11 12 13 14 15 16 17 18 19 20 21 22 23
Arqueopteris 24 25 26
Kentrosaurio 27
Escafonatos 28 29
Alosaurios 30 31 32
Estegosaurios 33 34
Coeluros 35 36
Ornitolestes 37 38 39
Camarasaurios 40 41 42
Compsonatos 43 44 45 46 47 48 49 50
Ceratosaurio 51
Camptosaurios 52 53
Apatosaurios 54 55 56 57 58
Pterodáctilos 59 60 61 62 63 64 65 66 67 68
Braquiosaurio 69

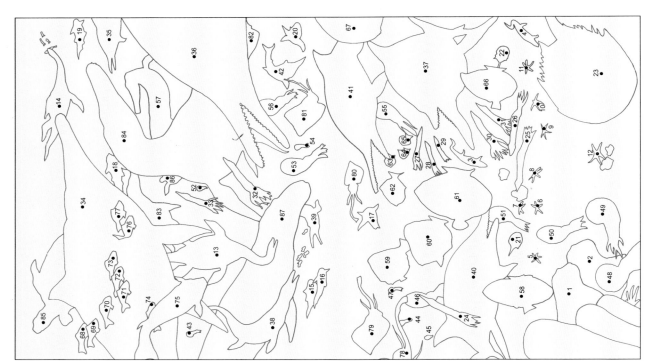

En el océano 16-17

Pleurosaurios 1 2 3 4
Ofiuros 5 6 7 8 9 10 11 12
Plesiosaurios 13 14
Tiburones 15 16 17 18 19 20
Cangrejos cacerola 21 22 23
Belemnites 24 25 26 27 28 29 30 31 32 33
Ictiosaurios 34 35 36 37
Geosaurios 38 39
Eurrinosaurios 40 41 42
Amonites 43 44 45 46 47 48 49 50 51 52 53 54 55 56
Teleosaurio 57
Peces 58 59 60 61 62 63 64 65 66 67 68 69 70 71 72 73 74 75 76 77
Peces banjo 78 79 80 81 82
Romaleosaurios 83 84
Pleurosternones 85 86
Liopleurodón 87

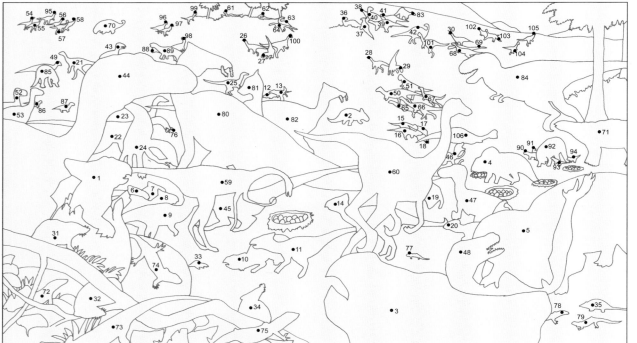

En el desierto 18-19

Protoceratops 1 2 3 4 5
Microceratops 6 7 8 9 10 11 12 13 14 15 16 17 18 19 20
Sauriornitoides 21 22 23 24 25 26 27 28 29 30
Mamíferos 31 32 33 34 35
Bractrosaurios 36 37 38 39 40 41 42
Velocirraptores 43 44 45 46 47 48
Homalocéfalos 49 50 51
Avimimos 52 53 54 55 56 57 58
Gallimimos 59 60 61 62 63 64 65 66 67 68 69
Pinacosaurios 70 71
Lagartos 72 73 74 75 76 77 78 79
Sauriolofus 80 81 82 83
Tarbosaurio 84
Psitacosaurios 85 86 87 88 89 90 91 92 93 94
Ovirraptores 95 96 97 98 99 100 101 102 103 104 105 106

Los últimos dinosaurios 20-21

Euoplocéfalos 1 2 3
Tiranosaurio 4
Estenonicosaurios 5 6 7 8 9 10 11
Iquitornis 12 13 14 15 16 17
Estrutiomimos 18 19 20 21 22 23 24 25 26
Estegoceras 27 28 29 30 31 32 33
Dromesaurios 34 35 36 37 38 39 40 41 42 43 44 45
Nodosaurios 46 47
Pentaceratops 48 49 50
Triceratops 51 52 53 54 55 56
Paquicefalosaurios 57 58 59 60 61
Panoplosaurios 62 63
Edmontosaurios 64 65 66 67 68 69 70 71
Coritosaurios 72 73 74
Estiracosaurio 75
Parasauriolofus 76 77 78 79 80 81

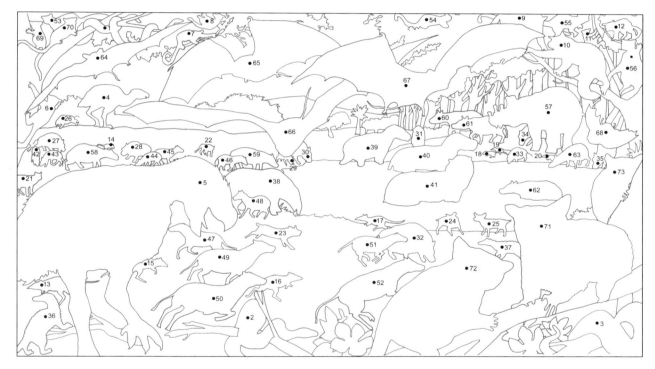

Los mamíferos primitivos 22-23

Serpientes 1 2 3
Diatrimas 4 5
Notarctos 6 7 8 9 10 11 12
Leptictidios 13 14 15 16 17 18 19 20
Oxienas 21 22
Mesónix 23 24 25
Arqueoterios 26 27 28 29 30 31 32 33 34 35
Eomanis 36 37
Moeriterio 38
Corifodones 39 40 41
Hiracoterios 42 43 44 45 46 47 48 49 50 51 52
Esmilodectes 53 54 55 56
Uintaterio 57
Hiracos 58 59 60 61 62 63
Murciélagos 64 65 66 67 68
Tetonis 69 70 71 72 73

La edad de hielo 24-25

Teratornis 1 2
Osos cavernarios 3 4
Lobos grises 5 6 7 8 9 10 11
Liebres polares 12 13 14 15 16 17 18
Bisontes antiguos 19 20 21 22 23 24 25 26 27
Renos 28 29 30 31 32 33 34 35 36 37
Caballos occidentales 38 39 40 41 42 43 44 45 46 47 48 49
Mamuts lanudos 50 51 52 53
Felinos macairodos 54 55
Perezoso terrestre 56
Lobos del pleistoceno 57 58 59 60 61 62
Camellos occidentales 63 64
León cavernario 65
Rinoceronte lanudo 66
Bisontes de cuernos largos 67 68 69 70 71 72 73 74 75 76 77 78
Mamuts columbianos 79 80 81 82

31

Índice